역사가 걸어가네

시산맥 기획시선 160

역사가 걸어가네

시산맥 기획시선 160

초판 1쇄 인쇄 | 2025년 9월 20일
초판 1쇄 발행 | 2025년 9월 25일

지은이 김선암
펴낸이 문정영
펴낸곳 시산맥사
편집주간 김필영
편집위원 최연수 박민서
등록번호 제300-2013-12호
등록일자 2009년 4월 15일
주소 03131 서울특별시 종로구 율곡로 6길 36. 월드오피스텔 1102호
전화 02-764-8722, 010-8894-8722
전자우편 poemmtss@naver.com
시산맥카페 http://cafe.daum.net/poemmtss

ISBN 979-11-6243-626-4 (03810) 종이책
ISBN 979-11-6243-627-1 (05810) 전자책

값 12,000원

* 이 책은 전부 또는 일부 내용을 재사용하려면 반드시 저작권자와 시산맥사의 동의를 받아야 합니다.
* 이 책은 교보문고와 연계하여 전자북으로 발간되었습니다.
* 본문 페이지에서 한 연이 첫 번째 행에서 시작될 때에는 〈 표기를 합니다.
* 저자의 의도에 따라 작품의 보조 동사와 합성 명사는 띄어쓰기가 달라질 수 있습니다.

역사가 걸어가네

김선암 시집

| 시인의 말 |

어느 날 문득
가던 길을 멈추고 돌아보니
아득하게 멀리도 왔다
지나간 일들이 떠오른다

봄날의 홍매
구름과 숨바꼭질하던 해바라기
주전골의 단풍
태백산의 주목
다시 보고 싶다

봄 여름 가을 겨울
늦가을 어디쯤 지나가는 것 같다
남들이 추수를 마친
허허로운 들판에 홀로 서서
이삭 줍는 마음으로
적바림을 모아 펼쳐본다
마음을 들킨 것 같아서
부끄럽기도 하고
어색하기도 하다

나는 또 하염없이
가던 길을 간다

2025년 초가을, 김선암 시인

■ 차례

1부 역사가 걸어가네

역사가 걸어가네	19
화장火葬	20
돌아올 수 없는 여행	21
향기 나는 냄비	22
어머니의 회고록	23
당신이라는 꽃	24
불효자	25
불 꺼진 방앗간	26
아내	28
나의 사랑	29
독도 1	30
독도 2	32

2부 홍매

홍매	37
산수유축제	38
희망	39
봄의 왈츠	40
소망	41
침수정	42
정취암	44
숲의 고민	45
가뭄	46
슬픈 5월	47
봄빛 창가에서	48

3부 물의 정신

물의 정신   55
야생화   56
대왕암   58
코로나 세상   59
공원 풍경   60
연꽃   61
배롱나무   62
빙설   63
하화도   64
석가탄신일   66
동기회   68
환갑   69

4부 초가

초가	73
하늘나라	74
바다	76
멈추어 다오	78
가을 편지	80
소유권 다툼	81
단풍 1	82
단풍 2	83
억새	84
가을이 오면	85
보리타작	86
천년 찰나	87

5부 나무

나무	91
등대	92
일몰	93
길	94
참회	95
꽃샘추위	96
다짐	98
눈	99
나무의 삶	100
해우소	101
어떤 생각	102
인연	104

- 해설 _ 자연과 가족, 그리고 불교 제재 시편
  공광규(시인)_ 107

1부

역사가 걸어가네

역사가 걸어가네

저기 한 할머니
쉼표를 짚고 걸어가시네
한평생 연인같이 지내온
논밭 길을 옆에 두고 백조처럼
지나가시네
우아하게

저기 한 할아버지
물음표를 들고 지나가시네
한평생을 친구같이 지내온
한 많은 지게를 벗어놓고 학처럼
걸어가시네
고고하게

매끈하던 이마에는
지난 세월의 흔적들을
주상절리처럼 곱게 새기시고
거북이 마실 가듯
지나가시네
쉬엄쉬엄

화장 火葬

저 산속 외진 곳
고행하던 흙은
고열의 가마를 만나
반짝이는 청자가 되고
우아한 백자가 되어
새로운 삶을 살고 있고

공장 한쪽
어둑 진 곳에
웅크려 있던 고철은
고로를 만나 화려한
여객선이 되고 비행기가 되어
천하를 주유하는데

한평생을
흙과 살던 우리 아버지
고열의 화로를 만나
모든 것 내려놓으시고
한 줌의 재로 태어나셨네
새롭게

돌아올 수 없는 여행

어젯밤 별똥별 하나
북쪽으로 급히 달려가더니
이 기별을 전하려 했는가 보다

자식 같은 지게
쓸쓸히 던져놓고
화려한 꽃차 타고
돌아올 수 없는 여행을 갔는가 보다

오늘 아침 소낙비는 내리고
천둥 번개 앞서거니 뒤서거니 하더니
이 소식을 전하려 했는가 보다

하얀 벚꽃 싱그러운 잎들에게
꽃자리 넘겨주고 떠나듯이
무거운 짐 내려놓고
긴 여행 떠나가는 것이다

향기 나는 냄비

상처 난 냄비를 보니
당신이 생각납니다

시집올 때만 해도
반짝반짝 윤이 나는
매끄러운 피부를 가진
꽃 같은 새색시였지요

비린 생선과 정겨운 가난이
조미료와 섞여 단련된
수십 년의 금결입니다

이제는 매끈하던 피부에
주름이 이랑을 이루고
피어난 저승꽃이 주전골의 단풍 같네요

구석구석 골다공증으로
주인 떠난 벌집 같지만
버릴 수가 없는
어머니 같은 냄비

어머니의 회고록

그해 6월
담장의 장미는
붉은 태양같이 뜨거웠지

논에는 수확을 놓친 보리가 타고
밭에는 주렁주렁 매달린 감자가
주인을 기다리고 있었어

앞산에는 인민군들이 노려보고
뒷산에는 군대 간 삼촌이 지켜보고 있지만
주인은 먼발치 피난지에서 쳐다볼 뿐 그냥

신록이 깊어지듯이 어둠이 찾아오면
부엉이 울음소리를 신호로 하여
두더지 작전을 시작했지
낮은 포복으로

새벽이 밝아오고 피난지 계곡에서
이웃들과 함께 먹는 감자떡은
장미 가시처럼 아픈 사연이 많았어

당신이라는 꽃

이름 없이 피어난 들꽃을 보면
당신이 생각납니다

목련처럼 고귀하게 태어나
한때는 장미처럼 화려하게
빛날 때도 있었겠지요

모진 바람 세찬 풍파 견딘 육신
이리 치고 저리 치어
작은 들꽃처럼 쪼그라졌지만

고귀한 자태에 피어나는
은은한 그 향기
변함이 없네요

척박한 땅에 어머니라는 이름으로
당신이 있어 더욱 행복하네요

불효자

친구들과 함께 오르는
진달래 활짝 핀
고향의 뒷동산
눈은 즐겁지만 몸은 힘들다

아버지가 지게 지고
어머니가 나물 보따리 이고
하루에도 몇 번씩 오르내리던 그 길

빈 몸 하나 올라가는데
왜 이리 숨이 차고
두 다리가 무거워지나

물려준 몸 간직하지 못하고
새까만 머리는 희어지고 힘이 없으니
틀림없는 불효자인가 보다

불 꺼진 방앗간

밤공기가 싸늘한
캄캄한 방앗간에
한줄기의 바람이 지나갔다

가래떡을 만들던 기계에서
사람들의 웅성거림이 들려온다

오일장으로
마실 나오신 시골 할머니들이
정겨운 세상 이야기

참기름을 짜던 기계에선
엄마의 동동구리무 냄새가
똑똑 떨어진다

고추 찧던 기계에서
지글거리는 한여름 태양의
뜨거운 열기가 날아오니
〈

내 가슴은 뜨겁게
콩닥거린다

아내

거실 소파에 앉아
아내라는 시를 읽고 있는데
한 문장 사유가 날아온다

메마른 풀밭
윤기 없는 내 마음 밭
불길처럼 번져 가는 저 하얀 화마
그 누가 잡아줄 것인가

어설프게 염색약을 들고
고실고실한 머리카락 가르마를 타니
콩나물 잔뿌리 같은 하얀 새싹들이
빼곡하게 앉아 있다

환갑이 되도록 수리 한번 하지 않고
공짜로 사용해 온 두 손이
애달프게 떨리고 있다

나의 사랑

아름다운 당신이
예쁜 꽃이면 좋겠습니다

그러면 나는
한 마리 나비가 되어
백두에서 한라까지 덩실덩실
춤을 추겠습니다

아름다운 당신이
향기로운 꽃이면 좋겠습니다

그러면 나는
한 마리 벌이 되어
한라에서 백두까지
봄소식을 전하겠습니다

아름다운 당신이
나의 고운 꽃이요
뿌리입니다

독도 1

물을 딛고 바람을 밟고
내 마음 그리운 너에게로 간다

사나운 파도와 거센 바람 속에서
물로 울타리를 치고
바람으로 움막을 짓고
파란만장하게 살아온
우리 국토의 외로운 막내둥이
단군의 낙관이 선연한 그곳으로
왕해국 그리움 따라
너에게로 달려간다

천연기념물 제336호
파란 도화지 위에 한 폭의 그림처럼
우뚝 솟은 두 개의 큰 점
팔십아홉 개의 작은 점
웅장하게 솟아오른 모습이
이사부 장군의 기개가 살아 있는 것처럼 웅숭하고
가우디의 성채처럼 정교하고 황홀하구나
〈

괭이갈매기, 물새, 바다제비들
오랜 혈육을 만난 것처럼 기뻐하며
연신 우산봉과 대한봉을 춤추듯이 넘나들고
절벽 위의 쇠가마우지 힘껏 뽐내면서
강치처럼 유연하게 바닷속으로 뛰어드네
미역 다시마 출렁출렁 몸을 흔들고

왜구의 잦은 노략질에도
초연하게 견딘 인고의 역사가 켜켜이 쌓인
고문서같이 주름진 주상절리
외로움과 그리움을 꽃잎마다 빼곡하게 적혀 있는
구절초의 은은한 향기를
내 작은 가슴에 새긴다

다시는 너를 외롭지 않게 하리라
너무 그리워서 망부석이 되지 않게 하리라
내 작은 가슴에 너를 품는다
독도를 품는다

독도 2

내 고향은 백두산
북쪽 오랑캐들과 싸움질하면서 자랐지만
물질에 소질이 있어 천지가 비상할 때
강치에 몸을 실어 심연에 자리잡은 지
억겁의 세월

태풍이 나의 볼을 간질이고
파도가 들락거릴 때
북풍한설에 실려오는
고향 소식이 귓전을 두드릴 때
물골이 눈물 흘리기를 수억 번이다

이제는 듬직한 두 아들 동도와 서도
씩씩하게 자란 닭바위 코끼리바위 물개바위 군함바위
귀엽고 예쁜 이름을 가진 콩새 노랑턱멧새 솔잣새
백두산을 중시조로 또렷하게 선으로 이어진
족보가 한라로 이어졌다

이제 한 가지 소원이 있다면
남쪽 나라 이어도에

나를 닮은 분신을 세워
질경이 같은 나의 역경을 보여주고 싶다
허튼 소리하는 무리에게

2부

홍매

홍매

그녀를
만나러 가는 길
내 가슴은 불어오는 삭풍에도
뜨겁게 달아오른다

물오른 아지랑이
힘 빠진 찬바람을 매섭게 몰아세우고
절벽 아래 생강나무
노랗게 기지개를 편다

양지바른 자드락에
자리 잡은 그녀의 터전
먼저 달려온 벌들이
그녀와 사랑에 빠졌네

아 그녀의 암향을
내 먼저 훔치려 했더니
한발 늦었구나
올해도

산수유축제

이제는 알겠습니다
당신이 우리를 얼마나 온몸으로
아끼고 사랑하는지를

찬바람 윙윙 노래하는 초겨울
일 년 내내 만들어 놓은
빨간 알곡들을 남겨두고
찬바람 속으로 숨어들었지요
초연하게

훈훈한 바람이
음악 타고 흐르는 봄날
세상이 노랗게 바뀌는 날
사람들은 또
한마당 잔치를 엽니다
당신을 위해

희망

피지 못한
그늘의 꽃들이여

그믐을 견딘 초승달이
상현을 지나 보름달이 되듯이

어두운 터널에서
허우적거리는 그대, 꽃

따듯한 봄볕이
그대 발끝에서 서성거리네

온화한 바람이
향기처럼 불어오네

봄의 왈츠

땅속 캄캄한 곳
돌부처처럼 수행하고 있더니
봄빛의 집요한 간지러움을
끝내 견디지 못하고
함박웃음을 터트렸네
동자승같이 수줍게

아스팔트 같은 대지에
실금이 토닥토닥 그려지고
두더지가 세상 구경 나오듯이
파란 눈망울들이 새싹처럼
톡톡톡 튀어나오는구나

길고 긴 눈보라에
얼어 죽은 송장처럼 누워 있더니
밀려오는 봄볕의 따사로움을
끝내 참지 못하고
마침내 부활하는구나

소망

이제 울타리를 벗어나
님 계신 곳으로 달려가리라

좌선하는 큰스님의 마음이
온 우주를 관통하듯이
탱자나무 우리 속에 갇힌
내 마음 천하를 주유하리라

동해 간절곶에서 솟아오른
붉은 복덩이의 상서로운 기운을
온몸으로 받으면서
쉼 없이 가리라

이제 울타리를 벗어나
새로운 세상으로 나아 가리라

침수정*

태초에는 은은한 향기가
물안개처럼 피어오르는
하늘이 감추어 둔
원림이었으리라

바람이 바위 사이를 드나들고
쪼개지고 부서지고
돌이 되고 흙이 되니
마침내 옥 같은 물이 흘렀을 게다

새싹이 돋아나고
나무가 자라고 학이 날아들고
사람들이 모여들어
흔적을 남겼으리라

새소리 물소리에 장단 맞추어
구슬 같은 목소리로
자연을 노래했을 게다
세월을 읊었으리라

* 침수정 : 경북 영덕군 달산면 옥계계곡 국가지정문화재구역 내에 있는 정자로 조선 정조 8년인 1784년 손성을이라는 선비에 의해 건립되었다.

정취암[*]

한줄기 서광이
동해 독도에서 솟아올라
대성산 된비알
천애의 절벽을 비추니
천년 바위는 거북이가 되고
천년 고목은 관음보살이 되었다네

사부대중은
흰 구름처럼 피어올라
공양 가는 개미들을 위해
가던 길을 멈추어 주고
바위틈의 민들레처럼
향기 품은 도반이 되어가네

삼성각 앞 노송에 기대어
먼 산을 쳐다보면 가슴이 뚫리고
그 길로 불국토의 서풍瑞風이
꽃향기처럼 밀려온다네

* 정취암 : 산청군에 있는 절로 의상대사께서 창간하신 곳으로 알려져 있다.

숲의 고민

연둣빛으로 변해가는 보금자리
새들은 돌아와 집 수리를 하고
햇빛은 대지를 간질이니
새싹들이 스멀스멀 기어 나오네

숲의 주인이 될 동량들
두릅 취나물 참나물 나물취 미역취
까치의 축하를 받으며 긴 겨울잠에서 깨어나
봄 햇살의 품속으로 안긴다

딱새가 아동수당 보육수당을 주면서
숲 세상에 온 것에 격려를 보내주지만
올해에도 그 숫자는
줄어만 간다, 어김없이

참나무들이 취직을 못해서
비와 바람이 비싼 집값에 결혼을 못 해서라고
직박구리가 이야기를 하면서 내게 묻는다

"인간 너희들은 무슨 대책이 있느냐?"

가뭄

산 아래 자리 잡은
농부의 놀이터
황톳빛 거북 등이 나타나니
무슨 변고가 있나 보다

하늘나라 궁전에
큰불이 났는지 공기는 뜨겁고
나직하게 엎드린 초목
저수지는 속으로 타들어간다

멀쩡한 소나무들이 말라가는 걸 보니
필시 하늘나라 궁전에
새 전각을 짓는가 보다

선량한 사람들이
하늘 보며 한숨짓고 있으니
무슨 변고가 있을 게다

슬픈 5월

신록을 품은 5월
봄꽃들이 만들어 놓은
산나물들의 슬픈 축제장이다

겨울을 뚫고 나온 두릅과 고사리
양지바른 둔덕의 다래잎은
어머니의 오랜 친구들이다

축제장 가는 길
몇 년째 소식 없는 단골을 기다리며
철쭉은 붉은 꽃길을 만들었고

주인이 되지 못한 채 휠체어에 앉아
먼 산 바라보는 단골의 마음은
핏빛이다, 핏빛

봄빛 창가에서

비 내리는 창가에 앉아
한편의 봄빛 드라마를 본다

남녘의 따뜻한 바람
대지를 초록으로 덮고
잠자던 새싹들이 손을 맞잡고
고개를 내밀고 있다

한줄기의 단비가
대지를 촉촉하게 채색하니
파릇파릇 새순들이 눈 비비면서
톡톡 튀어 오른다

부지런한 아낙들은
양지바른 봄밭에서
바람이 떨어뜨린 향기를
뜯어 모으고 있다

봄빛 가득한 창가에는

자연이 들려주는 고운 가락이
아지랑이처럼 흐른다

봄이 오는 소리

가슴을 열고 하늘에 기대어
봄 향기 소리를 들어보자

겨울잠에서 깨어나
얼음장 밑으로 이불 개는 소리
졸졸졸 다시 들리고
처마 끝에 달린 고드름 떨어질 때
봄은 기지개를 편다

뒷산의 생강나무 노란 꽃망울 터뜨리고
앞뜰에 핀 홍매화 붉은 입술
꽃샘추위에 바르르 떨고
고로쇠나무 물관들의 물멱질하는 소리에
봄은 온다

뒷집 순이 할머니의 달래 캐는 소리
앞집 철수 할아버지의 지팡이 소리에
새봄은 저 산 너머에서 아지랑이 타고
성큼성큼 찾아온다.
〈

강을 건너온 따뜻한 바람
냉이를 파랗게 스쳐 지나가고
내 마음 가끔 겨울의 찬바람 그리워질 때
봄은 내 가슴속에 들어온다

3부

물의 정신

물의 정신

휴전선 너머 옥발봉에 내린 눈과
태백산 검룡소의 샘물이
양수리 두물머리에서 만나
사이좋게 흘러가더라
출신 지역은 다르지만

백두대간을 돌고 돌아온
황지의 청정수와 남해안 짠물이
낙동강 다대포 하구에서 만나
춤추고 노래하더라
출신 계급은 다르지만

하늬바람 태풍에 실려 오던 날
그들은 얼싸안고
하늘나라 구름이 되어
둥실둥실 날아가더라
한 몸이 되어

야생화

기름진 옥토에서 태어나
사랑 듬뿍 받으면서 살지는 못하지만
항상 기뻐하면서 행복하겠습니다
살아가는 동안

척박한 땅 엎드려
이 눈치 저 눈치 보면서 살지만
정갈하게 꽃 피우고
은은한 향기를 품고
작은 위안과 희망을 드리고 싶습니다
용기를 잃고 힘들어하는 이에게

한적하고 외진 길섶에서
비가 오면 황토물과 함께
사라질 시한부의 삶이지만
나의 자존감을 마지막까지 지키겠습니다
형형색색의 빛깔로

외진 절벽 위에서
세상의 풍파와 아슬아슬 동거하는 몸이지만

강철 같은 강인함으로
잡초의 족보를 유지하면서
눈부시게 반짝반짝 빛나는
뜻이 있는 쉼터가 되겠습니다

대왕암

봉길리 바닷가
천년의 향기가 출렁거리는
인연들이 모여들고 있다

천년의 세월 하루도 빠짐없이
하얀 글러브를 착용한 복서의 잽이
들락날락하고 때로는 강한 펀치에
얼굴이 일그러지기도 하지만
변함없이 그 자리를 지키며
찾아오는 인연들을 반겨주고 있다

가끔은 자신의 몸을 할퀴고 간 그들과 함께
감은사 대나뭇잎이 불러주는 노래에
장단 맞추어 너울너울 춤을 추고
오색의 무지개를 보여주기도 한다

대왕이 지켜주는 동해
봉길리 바닷가의 일상은
시내 막창집처럼 시끌벅적하다

코로나 세상

먹고살기 고달픈 세상살이에
역마살이 돌았는지 하도 돌아다니면서
이런 흔적 저런 흔적 남기면서 세상을 어지럽히고
커피 마시고 술 마시면서
이놈 저놈 험담이나 하면서
살아가는 인간들이 불쌍하여
하나님이 새로운 처방을 내리셨나 보다

붉은색이 찬란한 왕관 같은 울타리에
세상을 격리하고
그저 남은 생 맑고 푸른 하늘 쳐다보라고
반짝이는 북극성 바라보면서
입다물고 마스크 끼고 살면서
따듯한 아랫목에 누워
살아온 인생길 되돌아 보고
가야 할 북망산도 생각해 보라고
하느님이 신천지를 창제하셨는가 보다

공원 풍경

틈틈이 걸어보는 산책길
넉넉하게 점심을 마친
산바람의 인심이 청량하다

길섶에서 미소 짓는
금계국의 화사함
꽃술에 얼굴을 묻고
흘레에 빠진 벌들

개망초 향기 은은한 길을
마실 가듯이 일터로 향하는
개미들의 행렬이
인생의 꽃길처럼 향기롭다

공원 옆 그늘 좋은 명당 터 벤치
인생의 꽃길을 걸어오신
할아버지 할머니들의
미소가 허허롭다

연꽃

시커먼 뻘밭 속에서
지울 수 없는 흙수저의
삶으로 태어난 인연
청초하고 고귀함은 잊지 않으리

밤하늘이 내려준
영롱한 이슬 한 방울 탐하지 않고
울 어머니의 뼛속처럼 비어가는 삶으로
그래도 그 향기는 십 리를 품었으리

삼복의 태양 아래
녹색의 연잎 하늘거리며 만든
싱그런 바람길 따라
고운 꽃잎 한 잎 두 잎 피워 올렸으리

배롱나무

뜨거운 사랑을 만났다
배롱나무 아래에서

타오르는 태양을
가득 품은 저 붉은 화신

미끈한 허리 끝에
주렁주렁 매달린
정열의 여름

내 마음도 덩달아 타올라
뜨겁게 닮아가네
너를

빙설

너를 가만히 보노라면
미안한 생각이 든다

겉모습은 차갑지만
속은 부드럽고 감미로운
따뜻한 심장을 가진 너

반값 세일에
폭탄세일까지 한다고
너의 가치가 변하는 것은 아니겠지

너만큼 오롯이 남을 위해
기꺼이 몸을 사르는 이가 있겠는가

그까짓 더위 좀 식히려고
나는 너를 두 손에 움켜잡았는데
여전히 향기를 발산하는 너

하화도

푸른 파도 넘실대는 여수 바다
향기 품은 작은 꽃섬 하나
바람에 흔들
파도에 흔들

꽃섬
담벼락에도 꽃이 피었고
납작 돌 깔아 놓은 둘레길에도
천 길 절벽 낭떠러지 끝에도
꽃의 향기는 진하다

마을회관 야외 평상
형형색색으로 치장한 탐방객
저마다의 꽃으로 피어나고
빈대떡 구워내는
꽃섬 안주인의 손끝에도
고소한 향기가 춤을 춘다

다가오는 계절
구절초 향기 이곳을 지배할 때

출렁다리 위에 서서
그 향기에 취하고 싶은 곳이다

석가탄신일

연둣빛 점점이 번져가는
산자락의 조용한 절집
오색의 꽃등이
몽실몽실 피어난다

성인의 생일날
온 세상이 잔칫날이다
초대받은 별들은 대웅전 앞
나뭇잎 위에서
빤짝거리고

딱따구리 노래하던
언덕 위 졸참나무 가지에도
주렁주렁 열렸다
반가운 인연들이

시들어 가는 꽃 한 송이
아무런 생각 없이 오늘도

공양간에 숟가락 하나 걸치고
관음에 젖어든다

동기회

코로나 댐에 누수가 생기면서
보고 싶은 벗들이 모였네
유년 시절의 추억이 켜켜이 쌓여 있는
고향땅으로

학년 올라가는 것을 싫어하는
유급을 두려워하지 않는
회갑을 바라보는 늦깎이 학생들

머리에는 계절을 잊은 흰 눈이 내려 있고
이마에는 밭고랑 같은 계급장을 달고
앞만 보고 직진만 할 줄 아는
물처럼 살아온 벗들

물결을 거슬러 올라가는 연어처럼
반환점을 돌아서 가는
앞만 보고 달려가는 학생들

환갑

내 삶이
쏜살같이 흐른다

속도계를 보니
61킬로로
달리고 있다

아무래도
고장 난 것 같다
그치

4부

초가

초가

뒷동산을 닮은
둥그스름한 나의 초가집은
유니버설 스튜디오였다

기울어진 초가를 지탱하는 기둥은
숨바꼭질의 시작점이었고
술래잡기의 끝점

한 칸은 우리 가족의 쉼터
또 한 칸은 소가족의 원룸
가운데는 공유 주방
가을이 되면
해님과 별님이 보내주는 선물들이
주렁주렁했었지
지붕 위에

가난하지만
밤낮으로 웃음꽃이 만발했던
한 지붕 두 가족

하늘나라

하늘나라 가는 길에
수화물도 많이 필요하다지요
요즘

하얀 구름 장막을 뚫고 다다른 곳
창밖은 시리도록 푸르다
설렌다

뭉게구름 돛단배 사이로
살짝살짝 점처럼 보이는
내가 살던 터전
낯설다

주위를 돌아보면
쪼그리고 앉아 도시락을 먹는 사람
흰 구름 위에서 와인 마시는 검은 구름
낯익다

끝내 보이지 않는 한 사람

몇 년 전 하늘나라로 가신
우리 아버지

바다

모두가 잠든 고요한 밤
홀로 붉은 태양을 순산하여
세상을 밝히고

모든 것을 받아주는
넓은 가슴을 가진 너는
참 부지런하기도 하구나
철썩 처얼썩

잠시도 쉬지 않고
푸른 밭고랑을 일구어 가면서
어장을 만들어가고 있네

어부는 아슬아슬 수확에 여념 없고
갈매기는 아슬아슬 이삭줍기에 몰두하네
부지런한 농부같이 쉼 없이
철썩 처얼썩

찰랑찰랑 은빛 윤슬로
억새처럼 바람에 몸을 맡기고

때로는 히말라야 눈 폭풍같이
온 세상을 새롭게 만들기도 하는
파란 소금공장

멈추어 다오

물은 흘러 흘러
웅덩이를 만들고 저수지를 만나
잠시 쉬어 가는데
그대는 어찌하여 앞으로
앞으로만 가려고 하는가
여기 머물면서
잠시 쉬어 가자꾸나
곱게 물든 단풍잎을 바라보면서

따뜻한 헤이즐넛 커피향에
마음을 빼앗겨 보기도 하고
뒤를 돌아보면서
내 살아온 인생길이 외롭지 않고
소중하고 아름다웠다고
그대에게 말하고 싶지 않으냐

흘러가는 저 구름아
그대 잠시 여기 멈추어 보지 않겠는가
그대가 뿌려 놓은 빗방울들이
알알이 곡식 되어

영글어가는 이 결실의 계절에
여기 잠시 머물면서
쉬어 가자꾸나
익어 가는 황금 들판을 바라보며

구수한 막걸리 한 사발 앞에 두고
짧지도 길지도 않는 발걸음이
헛되지 않고 소중했음을
한순간 한순간 최선을 다해 살아왔노라고
그대에게 말하고 싶지 않으냐
내가 걸어온 길이

흘러가는 저 세월아
바쁘게 재촉하지 말고
고장 난 벽시계처럼
여기서 멈추어 다오
잠시

가을 편지

오메 반가워라
기다리던 소식 담은
사랑의 편지가 왔네요

아침에 일어나
창밖을 보니
고운 사연 가득 품은
국화 같은 노랑 봉투
빨강 단풍

태풍의 모진 비바람
예쁘게 이겨내고
똑 똑 똑
곱디고운 모습으로
은은한 구절초 향
바람에 실려 왔습니다

소유권 다툼

주인 행세를 하고 있다
툭하면 나타나서

햇살 내린 뒷산 아래 봉답
탐스럽게 익은 콩은 고라니가 먹고
고구마는 산돼지가 가져간다
강 옆 모래밭에 심은 땅콩
반은 두더지 차지다
올해도

할아버지가 쪼이시고
아버지가 일구신 땅
주인의 이름 석 자 별처럼
등기부에 선명한데

그들은 원래 자기 땅이라고
오늘도 넘나들고 있다

단풍 1

산불이 크게 났다고
용광로처럼 타오른다고
활활

그래서 사람들이
몰려들고 있다고
구름처럼

그런데 그 가슴마저
아, 불길처럼
뜨거워진다고

단풍 2

고혹적으로 유혹하는
하얀 뭉게구름 따라 올라온 산

바다 물결처럼 나무에는
엄마의 고운 몸뻬 바지 버금가듯
화려한 윤슬이
능글스레 주렁주렁하네

사람들은 밭일 나간
엄마를 애타게 기다리는 아기처럼
바라보고 있다
넋 놓고

하, 엄마 품 같은 단풍
가을볕 따스한 곳에 앉아
익어가는 가을을 보고 있다

보노라면 엄마 품같이
편안한 단풍이어라

억새

막새바람 산들거리는 산정에
별꽃들이 피어났다
어젯밤 창문 사이로 쉼 없이 소곤거리더니
푸르름은 시린 하늘에 가두고
윤슬처럼 반짝거리는구나

갈색의 긴 바바리코트를 걸치고
고운 진주보다 빛나는 은빛 휘날리며
사각사각 부딪치며 춤추는 모습
아슴하다 아슴해

어릴 때부터 곧게만 자라서
꺾일 줄 모르고 하늘을 동경하더니
모든 속 비운 채 하얀 백발이 되어
흔들리는구나
반짝거리면서

가을이 오면

가을이 오면
갈대가 되고 싶어진다
이리 기울어 이 세상 살펴보고
저리 기울어 저 세상 살펴보고
흔들리면서 살아 있음을
느끼고 싶다

가을이 오면
하얀 뭉게구름이 되고 싶다
푸른 하늘은 내 집 삼고
단풍 물든 가을을 정원 삼아
망망대해의 푸른 바다를
가슴에 품고 싶다

가을이 되면
빨갛게 익은 과일이 되고 싶다
우주를 가득 품은 열매가 되어
사랑하는 그대 가슴속에
영원히 안기고 싶다

보리타작

누런 들판 곳곳에
보리 까끄러미 타는 소리
녹음 짙은 산허리엔
하얗게 피어오르는

연기의 춤사위

윙윙, 와룡기 돌아가는 소리
탁탁, 도리깨질 소리에
꿀처럼 쌓여가는 알곡들
검게 탄 농부의 얼굴엔

미소가 가득하네

젖빛으로 농 짙게 익어가는
막걸리 한 사발의 정겨운 고향 들판
보릿고개 넘어가는

한마당 축제장

천년 찰나

부처님도 가끔은
실수를 하시는가 보다

불국토를 순례하시던
열암곡의 부처님
미끄러져 넘어지셨네
그만

꼼짝 못 하고
그 자리에 엎드려
기절하고 말았다네
천년바위처럼

지나가던 거사님
부처님을 알아보고 깨우려 하네

엄마의 품속같이 편안했을까
잠깐의 찰나가
천년이 되었네

5부

나무

나무

나도 너처럼
마음이 따듯한
나무가 되고 싶다

영하로 달리는
대지가 걱정스러워
잎과 열매들을 보내어
포근하게 덮어주니

하늘도 감동하여
하얀 솜이불을
선물하는구나

나도 너처럼
마음이 따뜻한
사람이 되고 싶다

등대

바닷가 절벽 끝에
아스라이 밤낮으로
푸른 바다를 흠모하는 그대

무엇이 그토록 그리워
만물이 잠든 밤에도
홀로 새하얗게 온몸을 불사르는가

북풍이 몰아치는 날
아버지 닮은 전봇대처럼
그리운 임을 기다리면서
사투를 벌이는구나
힘겹게

사랑하는 님을 기다리며
차가운 광야에 몸을 던진 너는
내 모습 같구나
마치

일몰

출근 시간에 쫓기듯이
동해를 떠난
붉은 물풍선

하루 종일 머리 위를
아슬아슬
배회하더니

그만 순천만 갈대에 찔려
터지고 말았네
온 세상을 붉게 물들이면서

길

안개 자욱한 길을
나침판도 없이
걸어가는 길

한쪽은 꽃길
또 한쪽은 가시밭길
외줄타기하는 곡예사처럼
당신이 가고 내가 또
따라가는 길

가시밭길 같은 꽃길
돌아올 수 없는 일방통행의 길
돌아보면 정답보다
오답이 많았던
아쉬움의 길

참회

불빛이 사라진 세상에서
구름이 걷힌 하늘을 보니
세상은 어둠에 잠기고
쏟아질 것 같은 별들이 초롱초롱 빛나고 있다

반짝이는 별들 사이로
지나온 나의 삶이 매달려 있다
배려보다는 욕심으로 채워진 삶이
자랑스러운 일들보다는 부끄러운 일들이
별들 사이에서 반짝이고 있다
도시의 불빛에 가려진 나의 빛이
별들 사이에 생생히 그려져 있다

지난 삶의 허물을 만회하기 위해
참회의 삶은 살아야겠다
별들 사이에 매달린
탐욕의 시간을 지우고
새 삶을 새기기 위해

꽃샘추위

찬바람이 매섭게 불어온다
멀리멀리 갔다고 생각했는데
무슨 아쉬움과 미련이 남았는지
뒤돌아 왔네

강가의 버들개비 하얀 솜털
찬바람에 서럽게 흔들리고
풍만한 자태를 뽐내던 하얀 목련
벌거벗긴 채 떨고 있네
애처롭게

강남 갔던 제비도
제 고향 찾아 출발했다는데
너도 여운이랑 뒤로하고
어서 빨리 돌아가렴
고향으로

신록의 계절도
매미의 합창 소리도
함께할 수 없는 게 아니더냐

단풍잎 너를 위해 바스락거릴 때
찾아오려무나 다시

다짐

그만하고
내려놓으라

그렇지
내 마음 잠시 내려놓으면
가벼운 길인 것을

그만하고
받아들여라

그렇지
내 마음 잠시 비워 놓으면
행복한 것을

눈

바람도 숨을 죽인 고요함
모두가 잠든 캄캄한 밤
온 세상을 하얗게 만들었다 하늘이

삭풍에 맞선 나뭇가지
밤사이 옥신각신 언쟁하더니
항복하고 말았네 그만

하얀 이불에 작은 구멍이 생기고
선홍빛 매화가 수줍게 고개를 내밀 때
그때는 너도 떠나갈 준비를 해야 해

얼음장 아래에서 음악 소리 흘러나오고
내 마음 연둣빛으로 물들 때
그때까지 우리는 함께 가는 거야

나무의 삶

아낌없이 주련다
내 가진 모든 것을 나누어 주기 위해
이 세상에 태어났다
배려와 희생이 나의 삶

연둣빛 새싹으로 태어나
시원한 녹색의 쉼터를 만들고
맑은 공기를 나누어주고
아름다운 꽃을 피워 눈을 즐겁게 하고
열매를 만들어 입을 행복하게 하고
화려한 단풍으로 마음을 기쁘게 하고
겨울이 되니 뼈만 앙상하게 남았네

그래도 더 주련다
이 한 몸 불살라 주련다
너의 몸을 따뜻하게 하려면

해우소

아침에 눈을 뜨면
유기농 생산공장을 찾아
변기 속 제품의 색깔과 향기를 살피고
하루를 되새김질하면서 울기도 하고
내일 생산계획에 웃기도 한다

오늘 생산 제품은 엉망진창
색깔은 검고 부패한 두부같이 냄새도 고약하다
어젯밤 과욕을 부린 친구들의 술 모임
그래도 내일의 새 제품을 위해
깨끗이 청소를 한다

내가 제일 좋아하는 상품은
바나나처럼 부드럽고 황금들판처럼 노란 색깔
신제품을 위한 원료는 싱싱한 채소와 청국장
종일 만든 상품이 물과 함께 사라지는 것이
가끔은 아깝다는 생각이 들 때도 있다

어떤 생각

선인들은 말했다
길을 가다 두 갈래의 길을 만나면
사람이 적게 다닌 길을 가라고
나는 말했다
그 길은 위험할지 모르니
많이 다닌 길을 가라고

선인들은 말했다
길을 가다 산을 만나면 터널을 뚫고
강을 만나면 다리를 놓으라고 했다
나는 말했다
산을 만나면 돌아서 가고
강을 만나면 배를 부르라고 했다

선인들은 말했다
'젊은이여 야망을 가져라' 했다
나는 말했다
꿈도 좋지만 빵도 중요하다고
그리고 또 말했다

짧고 굵게 사는 것도 좋지만
가늘고 길게 사는 것도 괜찮다고

인연

지나다니는 길목에
연리목 하나 살고 있다
잉꼬부부 같은

태어난 곳은 다르지만
서로 등을 기대고 서서
된바람 왕바람 서로서로 막아주면서
신혼부부처럼 다정스러웠다

온갖 풍상에도 천년을 살아온
용문사 은행나무같이
깊게 뿌리를 내린 것 같더니
난데없는 남실바람에
한쪽이 쓰러졌다

햇빛과 그늘을 만들면서
한마음으로 키워온 새싹들
푸르름과 싱그러움을 더해가고 있는데

아마도 하늘나라 궁전에

단단하고 야무진 대들보가
필요했던 것 같다
급하게

■□ 해설

자연과 가족, 그리고 불교 제재 시편

공광규(시인)

1.

경상북도 영덕군 달산면 주응리에서 태어나 성장한 김선암 시인은 2017년 계간 《한국문학작가》 시부문 신인상, 2022년 제3회 팔거백일장 운문부문 우수상을 수상했다. 전통 서예가인 그는 2021년 제41회 영남서예대전 특선을 비롯해 다수 입상하였다. 한국문인협회, 토벽문학회, 대한수묵회 회원이며 곰솔문학회 사무국장으로 활동하고 있다. 공저 시집 『꾼과 쟁이』가 있다.

이번 시집 『역사가 걸어가네』는 그의 첫 시집이 된다. 김선암은 〈시인의 말〉에서 자신이 "아득하게 멀리도 왔다/ 지나간 일들이 떠오른다"며 그동안 다니면서 곳곳에서 본 홍매와 해바라기, 단풍과 주목이 다시 보고 싶다고 한다. 그리고 자신의 인생이 늦가을 어디쯤 지나가는 것 같다고 진술한다.

시는 현재 시점에서 지나온 길을 반추하고 소회와 성찰을 기록하는 서정예술이다. 그는 이미 〈시인의 말〉에서 자신이 어떤 시를 쓸 것인가 예시하고 있다. 이런 김선암 시의 제재를 갈래지어 살펴보면 크게 가족과 자연, 그리고 불교라고 할 수 있다. 이런 제제들이 다양한 시공간 안에서 사물과 사건을 만나고 사유를 통해 시를 탄생시킨다.

2.

김선암의 시에는 유년의 가족을 비롯해 아버지와 어머니, 아내, 불특정 인물인 할머니와 할아버지가 등장한다. 이들은 모두 시인의 삶과 정서에 막대한 영향을 주었거나 현재 생활 일상을 공유하고 있는 인물들이다. 이 인물들은 시인의 유년기 및 성장기의 기억과 현실 삶을 지배한다.

그의 시 가운데 「하늘나라」와 「화장」과 「돌아올 수 없는 여행」은 아버지를, 「향기 나는 냄비」 「어머니의 회고록」 「당신이라는 꽃」 「불 꺼진 방앗간」 「슬픈 5월」은 어머니를, 시 「불효자」는 아버지와 어머니를 등장시킨 작품이다. 그리고 아내가 등장하는 시 「아내」가 있고, 가족이 등장하는 시 「초가」가 있다. 표

제시 「역사가 걸어가네」에는 불특정의 할머니와 할아버지가 등장한다.

  김선암의 시 가운데 유년기의 가족과 서정을 알 수 있는 가장 아름다운 시는 「초가」일 것이다.

    뒷동산을 닮은
    둥그스름한 나의 초가집은
    유니버설 스튜디오였다

    기울어진 초가를 지탱하는 기둥은
    숨바꼭질의 시작점이었고
    술래잡기의 끝점

    한 칸은 우리 가족의 쉼터
    또 한 칸은 소가족의 원룸
    가운데는 공유 주방
    가을이 되면
    해님과 별님이 보내주는 선물들이
    주렁주렁했었지
    지붕 위에

〈

　가난하지만

　밤낮으로 웃음꽃이 만발했던

　한 지붕 두 가족

　　　　　　　　　　　　　- 「초가」 전문

　이런 초가에서 부모를 중심으로 가족이 형성된다. 시인도 가족의 일원으로 태어나 성장한다. 김선암 시인의 서정성 근원이 어디서 시작되었는가를 알 수 있는 공간이며, 잘 만들어진 시다. 화자는 자신의 둥그런 초가집과 둥그런 뒷동산의 유사성을 언급하고 그곳이 "유니버셜 스튜디오였다"고 언술한다. 이미 한 세기도 더 이전의 고답적이고 목가적인 한국의 시골 풍경과 현재 외래어인 유니버셜 스튜디오가 충돌하면서 새로운 서정을 발생시킨다.

　또 이 초가의 한 칸은 가족들의 쉼터이고, 다른 한 칸은 소가족의 원룸이라는 표현도 현재어이자 외래어인 원룸을 만나 시를 새롭게 한다. 사람과 동물이 함께 공유한 초가가 있던 과거 농경사회의 시골집은 "가난하지만/ 밤낮으로 웃음꽃이 만발했던/ 한 지붕 두 가족"이었다고 한다. 이런 시골집에서 자라면서 정서적 유대가 깊었던 인물은 아버지와 어머니일 것이다.

시인은 아버지의 죽음을 통해서 커다란 발견을 한다. 시 「화장」에서 흙이 고열의 가마를 만나 우아한 청자와 백자를 만들 듯, 고철 역시 고로를 만나 화려한 여객선이 되고 비행기가 되어 천하를 주유하듯, "한평생을/ 흙과 살던" 아버지가 화장터의 고열 화로를 만나 "모든 것 내려놓으시고/ 한 줌의 재로 태어나셨다"라고 한다. 죽음을 사라짐으로 보지 않고 재로 다시 태어나는 윤회와 영생의 어떤 것으로 본다.

죽은 자는 산자의 기억과 기록 속에 살아 있는 한 부활하고 영생한다. 시인은 이미 저승에 간 아버지를 기억에서 불러내 부활하고 영생케 한다. 시인은 어느 날 눈이 시리도록 푸른 창밖 하늘을 보며 "끝내 보이지 않는 한 사람/ 몇 년 전 하늘나라로 가신"(「하늘나라」) 아버지를 기억 속에 부활시킨다. 또 시인은 "별똥별 하나"가 북쪽으로 급히 달려가는 것을 본 다음 날 "자식 같은 지게/ 쓸쓸히 던져 놓고/ 화려한 꽃차 타고"(「돌아올 수 없는 여행」) 저세상으로 떠난 아버지를 불러낸다.

시인의 어머니 역시 아들의 기억 속에 부활하고 영생한다. 시인은 화려한 꽃이 아니라 "이름 없이 피어난 들꽃을 보면" 어머니인 "당신이 생각납니다"(「당신이라는 꽃」)라거나, "상처 난 냄비를 보니/ 당신이 생각납니다"(「향기 나는 냄비」)며 어머니가 오랜 기간 사용한 냄비에서 어머니를 떠올린다. 또 시인은 봄날

돋아나는 "두릅과 고사리/ 양지바른 둔덕의 다래잎은/ 어머니의 오랜 친구들이다"(「슬픈 5월」)라고 회상한다.

> 어설프게 염색약을 들고
>
> 고실고실한 머리카락 가르마를 타니
>
> 콩나물 잔뿌리 같은 하얀 새싹들이
>
> 빼곡하게 앉아 있다
>
> — 「아내」 부분

   시간은 흘러 시인은 성인이 되어 결혼을 하고 가정을 꾸린다. 그리고 배우자와 함께 늙어간다. 시 「아내」는 머리가 하얘져 가는 아내와 일화를 묘사하고 있다. 염색약을 들고 흰 머리카락이 번져가는 머리에 가르마를 타면서 "콩나물 잔뿌리 같은 하얀 새싹들이/ 빼곡하게 앉아 있"는 것을 발견한다. 그리고 환갑이 되도록 사용해온 두 손이 "애달프게 떨리"는 것을 느낀다..

> 저기 한 할머니
>
> 쉼표로 걸어가시네
>
> 한평생 연인같이 지내온
>
> 논밭 길을 옆에 두고 백조처럼

지나가시네

우아하게

저기 한 할아버지

물음표를 들고 지나가시네

한평생을 친구같이 지내온

한 많은 지게를 벗어놓고

학처럼 걸어가시네

고고하게

매끈하던 이마에는

지난 세월의 흔적들을

주상절리처럼 곱게 새기시고

거북이 마실 가듯

지나가시네

쉬엄쉬엄

-「역사가 걸어가네」전문

  표제작인 「역사가 걸어가네」는 시인의 감각과 비유가 적절하게 어우러진 수작이다. 한 노인은 개인과 집안과 마을의 역사다. 민족과 국가의 역사다. 노인은 역사의 보고다. 그래서 노인 하나가 사라지면 도서관 하나가 사라지는 것이다. 할머니 한 분이 지팡이로 흙을 찍으며 걸어간다. 평생을 논밭과 함께 지내다 세상에서 하직할 때가 가깝다는 의미로 흙길에 쉼표를 찍고 지난다. 흙에 찍힌 쉼표 문양이 그만 인생을 쉬어야겠다는 표식으로 읽힌다.

할아버지 한 분은 물음표의 자세를 하고 지나간다. 이제는 평생 지고 온 지게를 내려놓고 가벼운 몸으로 논밭 옆을 지나간다. 과거에 매끈하던 몸은 주상절리를 닮은 듯 주름투성이다. 화자는 논밭 옆을 느릿느릿 지나가는 할머니나 할아버지, 즉 노인들의 모습이 백조 같고 학 같다고 한다.

3.

김선암 시에는 풍부한 수목과 화초가 많아 독자를 풍요롭고 편안하게 한다. 시인이 많은 시편을 자연에서 구하는 것은 시골에서 낳고 성장한 것과 무관하지 않을 것이다. 그의 시에 자연물이 지배적인 시편들을 열거해 보면 「침수정」「숲의 고민」「봄빛 창가에서」「봄이 오는 소리」「소유권 다툼」「가뭄」「홍매」「산수유축제」「나무의 삶」「물의 정신」「나의 사랑」 등 상당하다.

그의 시 「침수정」은 자연경관을 순수하게 묘사와 상상으로 형상한 수작이다.

태초에는 은은한 향기가
물안개처럼 피어오르는
하늘이 감추어 둔
원림이었으리라

바람이 바위 사이를 드나들고
쪼개지고 부서지고
돌이 되고 흙이 되니
마침내 옥 같은 물이 흘렀을 게다

새싹이 돋아나고
나무가 자라고 학이 날아들고
사람들이 모여들어
흔적을 남겼으리라

새소리 물소리에 장단 맞추어
구슬 같은 목소리로

자연을 노래했을 게다

세월을 읊었으리라

- 「침수정」 전문

  시인의 각주에 의하면 침수정은 경북 영덕군 달산면 옥계 계곡 국가지정문화재구역 내에 있는 정자다. 조선 정조 8년인 1784년 손성을이라는 선비에 의해 건립되었다고 한다. 1연에 보이는 태초, 은은한 향기, 물안개, 원림 등, 2연에 보이는 바람, 바위, 돌과 흙, 옥 같은 물 등, 3연에 보이는 새싹, 나무, 학, 4연에 보이는 새소리 물소리, 구슬 같은 목소리 등 시간과 순수 자연을 의미하는 어휘를 적절하게 결합해 서정을 발향시키고 있다.

  시 「나무의 삶」은 무한히 주기만 하는 자연을 나무를 통해서 언술한다. 나무는 아낌없이, 자신이 가진 모든 것을 나누어주기 위해 세상에 태어났다고 한다. 녹색의 쉼터를 만들고 맑은 공기를 나누어주고 아름다운 꽃을 피우고 열매를 만들어 인간의 호흡과 눈과 입을 즐겁게 하기 위해 태어났다는 것이다. 그리고 마지막에는 장작이 되어 "너의 몸을 따뜻하게" 해주겠다고 한다.

  시 「인연」에서는 연리목 가운데 하나가 바람에 부러진 것은

"아마도 하늘나라 궁전에/ 단단하고 야무진 대들보가/ 필요했던 것 같"아서 라고, 시「가뭄」에서는 "멀쩡한 소나무가 말라가는 걸 보니/ 필시 하늘나라 궁전에/ 새 전각을 짓는가 보다"고 긍정적 상상을 한다. 시「배롱나무」에서는 "타오르는 태양을/ 가득 품은 저 붉은 화신// 미끈한 허리 끝에/ 주렁주렁 매달린/ 정열의 여름"으로 꽃핀 배롱나무를 묘사하기도 한다.

시「숲의 고민」은 순수 자연에 인사를 결합하는 방식의 언술을 하고 있다.

> 연둣빛으로 변해가는 보금자리
> 새들은 돌아와 집 수리를 하고
> 햇빛은 대지를 간지리니
> 새싹들이 스멀스멀 기어 나오네
>
> 숲의 주인이 될 동량들
> 두릅 취나물 참나물 나물취 미역취
> 까치의 축하를 받으며 긴 겨울잠에서 깨어나
> 봄 햇살의 품속으로 안긴다
>
> 딱새가 아동수당 보육수당을 주면서

숲 세상에 온 것에 격려를 보내주지만

올해에도 그 숫자는

줄어만 간다, 어김없이

참나무들이 취직을 못해서

비와 바람이 비싼 집값에 결혼을 못 해서라고

직박구리가 이야기를 하면서 내게 묻는다

"인간 너희들은 무슨 대책이 있느냐?"

- 「숲의 고민」 전문

  1, 2연은 초봄의 자연현상을 의인화하고, 3, 4연은 '아동수당' '보육수당' '취직' 비싼 집값과 결혼 등 자연현상에 인사를 적극적으로 개입시킨다. 그리고 5연에서는 개체가 줄어들거나 훼손되는 것에 대해 어떤 대책을 갖고 있는지 직박구리를 통해 인간에게 묻는 형식이다. 시인의 순수 자연 묘사에 그치지 않는 사회의식이 드러나는 부분이다.

  시인의 사회의식은 '출신 지역'과 '출신 계급' 용어를 통해 시 「물의 정신」에서도 드러난다. "휴전선 너머 옥발봉에 내린 눈과/ 태백산 검룡소의 샘물이/ 양수리 두물머리에서 만나/ 사이좋게 흘러가드라/ 출신지역을 다르지만" 같은 경우다. 더불어 시 「나의 사랑」("백두에서 한라까지 덩실덩실/ 춤을 추겠습니다") 「독도 1」("왜구의 잦은 노략질에도/ 초연하게 견딘 인고의 역사가 켜켜이 쌓인") 「독도 2」("북쪽 오랑캐들과 싸움질하며 자랐지만")는 시인의 뚜렷한 역사의식과 민족의식이 발양된 경우다.

  동물과 인간의 소유권 다툼을 다룬 시「소유권 다툼」은 재미있는 발상과 상상력을 발휘한 시다. "할아버지가 쪼이시고/ 아버지가" 일군 봉답에 심어 잘 익은 콩은 고라니가 먹고, 고구마는 산돼지가 가져가고, 땅콩은 두더지가 가져가면서 사람과 짐승이 소유권 다툼을 한다는 서사 구성이다.

4.

  김선암의 시집에 여러 편의 불교 제재 시가 등장하는 것이다. 이를테면 「천년 찰나」「석가탄신일」「정취암」「소망」「봄의 왈츠」「대왕암」「연꽃」「해우소」 등이다. 불교는 우리나라에 들어온 지 1700년이나 되어 종교를 넘어 우리만이나 생활관습, 또는 많은 의례에 녹아 있어 그 경계를 가르고 떼어내기가 어려운 부분이 많다. 김선암은 불교에 대한 깊은 이해가 있는 시편들을 시집에서 여러 편 선보이고 있다.

  그의 시 「천년 찰나」는 열암곡에서 발견된 불상 서사에서 가져온 것이다.

    부처님도 가끔은
    실수를 하시는가 보다

    불국토를 순례하시던
    열암곡의 부처님
    미끄러져 넘어지셨네
    그만

    꼼짝 못 하고
    그 자리에 엎드려
    기절하고 말았다네
    천년바위처럼

    지나가던 거사님
    부처님을 알아보고 깨우려 하네
    〈

엄마의 품속같이 편안했을까

　　잠깐의 찰나가

　　천년이 되었네

-「천년 찰나」 전문

　일명 '열암곡 부처님'은 2007년 경주 남산에서 땅에 엎어진 채 발견된 천년의 마애불이다. 발견 당시 땅에서 5cm밖에 떨어지지 않은 온전한 불두(머리) 덕분에 '5cm의 가피'라고 불리며 기적으로 여겨졌다. 2005년까지 몸체만 있던 부처님은 불두가 발견되며 온전한 모습을 갖췄으며, 불교계에서는 2023년부터는 불사를 통해 바로 모셔지는 과정을 거치고 있다.

　시인은 이 열암곡 부처를 부처님의 실수로 보고 있다. 부처님이 불국토를 순례하다 실수로 미끄러져 넘어져 그 자리에서 기절해 천년을 지냈다는 발상이다. 넘어진 자리에서 잠깐 엎드려 있었는데 천년이 지나서야 지나가던 거사가 깨웠다는 것이다. 그렇게 오랜 시간 코를 박고 엎어져 있었던 것은 그 자리가 엄마 품속같이 편해서였을까 하고 상상한다.

　천년은 오랜 시간을 의미하는 관념이다. 시인은「대왕암」에서 "시내 막창집처럼 시끌벅적"한 "봉길리 바닷가/ 천년의 향기가 출렁거리는/ 인연들이 모여들고 있다"라고 한다. 파도가 "천년의 세월"을 "감은사 대나뭇잎이 불러주는 노래에／ 장단 맞추어" 하루도 빠짐없이 부딪혀 변하게 하지만 벼랑은 그 자리에서 찾아오는 인연들을 여전히 반겨주고 있다는 것이다.

> 연둣빛 점점이 번져가는
> 산자락의 조용한 절집
> 오색의 꽃등이
> 몽실몽실 피어난다
>
> 성인의 생일날
> 온 세상이 잔칫날이다
> 초대받은 별들은 대웅전 앞
> 나뭇잎 위에서
> 빤짝거리고
>
> 딱따구리 노래하던
> 언덕 위 졸참나무 가지에도
> 주렁주렁 열렸다
> 반가운 인연들이
> 〈

시들어가는 꽃 한 송이

아무런 생각 없이 오늘도

공양간에 숟가락 하나 걸치고

관음에 젖어든다

— 「석가탄신일」 전문

삼성각 앞 노송에 기대어

먼 산을 쳐다보면 가슴이 뚫리고

그 길로 불국토의 서풍이

꽃향기처럼 밀려온다네

— 「정취암」 부분

위 시 「석가탄신일」은 초파일, 즉 부처님오신날 절집 풍경을 묘사하고 있다. 연둣빛으로 짙어져가는 초파일의 산천 풍경과 조용한 절집, 거기다 화려한 꽃등으로 장식된 성인의 탄생을 축하하는 잔칫날의 분위기가 한껏 맑고 밝게 부양되어 있다. 화자는 자신을 시들어가는 꽃 한 송이로 비유하며, "공양간에 숟가락 하나 걸치고 관음에 젖어든다"라고 술회한다.

시 「정취암」 경남 산청 정취암 경관을 상찬하는 시다. "한줄기 서광이/ 동해 독도에서 솟아올라" 정취암이 앉아 있는 "대성

산 된비알/ 천애의 절벽을 비"춘다고 한다. 바위는 거북이로 고목은 관음보살로 비유한다. 시인은 1연에서 사찰의 외형, 2연에서는 절에 가는 대중들, 3연에서는 화자가 노송에 기대어 사찰 아래로 펼쳐지는 경관을 바라보고 "불국토의 서풍"을 느끼고 있는 시다.

시「소망」은 동해 간절곶에서 일출을 보면서 발상한 시로 보인다. 시인은 자신을 가둔 울타리를 벗어나 새로운 곳, 즉 "님 계신 곳"으로 달려가겠다는 소망을 피력한다. 님 계신 곳은 어딜까? 부처의 세계일 것이다. 부처의 세계는 곧 "좌선하는 큰스님의 마음이/ 온 우주를 관통하는" 공간일 것이다.

5.

지금까지 김선암 시인의 첫 시집을 제재 중심으로 살펴보았다. 시의 제재를 세 등분하여 갈래지어 살펴보면 가족과 자연, 그리고 불교라고 할 수 있다. 아버지 어머니가 여러 시편에서 등장하고 아내와 불특정 할머니와 할아버지가 등장한다. 어머니 출현 빈도가 가장 높고 그 다음에 아버지다.

또 시인은 산천과 조수초목 등 자연 개체나 경관을 자주, 그리고 풍부하게 묘사하면서 순수 자연의 아름다움을 보여주기도 하지만 자연을 사회의식 등 인사에 비유하여 보여주기도 한다. 불교 제재 역시 다른 시인들에 비해 빈도가 높다. 시인은 현재와 과거, 미래, 또는 천년이라는 시간관념 안에서 다양한 사물과 사건, 그리고 사유를 충돌시키면서 독자에게 풍부한 서정의 세계를 열어준다.

시인은 시 「불효자」에서 "물려준 몸 간직하지 못하고/ 새까만 머리는 하얘지고 힘이 없으니/ 틀림없는 불효자인가 보다"라고 자백한다. 또 〈시인의 말〉에서 "나는 또 하염없이/ 가던 길을 간다"라며 지금까지 살아온 삶의 방식을 변경하지 않겠다는 작심을 하고 있다. 후회 없이 잘 살았다는 의미로 읽는다. 필자가 보기에도 그렇다. 아름다운 인품을 가진 김선암 시인의 시를 많은 독자들이 만나길 바란다.